Collection de " La Région "

HENRI MARRE

PAYSAGISTE

Imprimerie
Régionale
Rue Bayard, 55
Toulouse

HENRI MARRE

PAYSAGISTE

HENRI MARRE

PAYSAGISTE

IMPRIMERIE
RÉGIONALE
Rue Bayard, 55
TOULOUSE

Il a été tiré de cet ouvrage :

5 exemplaires marqués de A à E avec double état des planches, non mis dans le commerce ;

30 exemplaires sur papier fil numérotés de 1 à 30.

Les Vie[illegible]

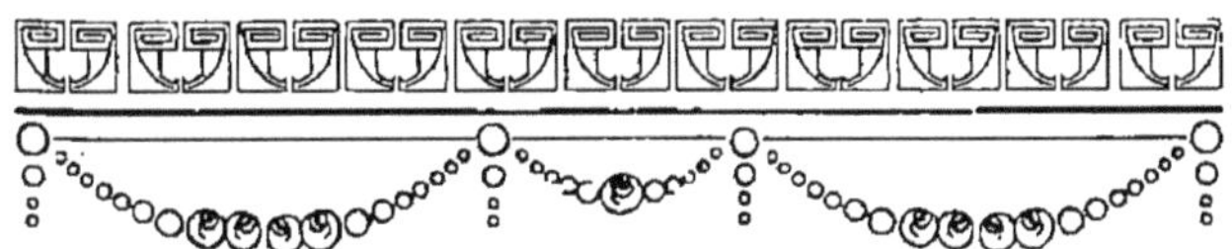

HENRI MARRE

PAYSAGISTE

I

De l'âpreté du Quercy et des grisailles du Rouergue à l'enchantement ocre et bleu du Roussillon, notre Midi tend vers le ciel son multiple visage. A travers les heures et les saisons, notre terre languedocienne a offert son rêve à l'exaltation des poètes et des artistes. De nos jours seulement, ils commencent à dire sa race et sa beauté.

Parmi les premiers en date des peintres dont le talent s'est fait l'harmonieux écho du pays natal, il faut citer MARRE et Henri MARTIN. Celui-ci a trouvé déjà des historiographes, la modestie de celui-là attend encore le sien. Ces pages n'ont pas la prétention de le décrire comme il faudrait, leur ambition se borne à le faire mieux connaître.

Henri MARRE est né le 24 juin 1858 à Montauban. Ayant pour la peinture une dilection marquée, il s'en vint, approuvé des siens, étudier à l'École des Beaux-Arts de Toulouse. Il y fut, de 1875 à 1879, l'élève de Garipuy et de Latgé, qui formèrent aussi Henri MARTIN et GERVAIS. Ces premières études terminées, il se rendit à Paris où, jusqu'en 1863, il fréquenta l'atelier de Cabanel. Il peignit alors pour le Salon l'*Enlèvement de Sita* (épisode du Ramayana) et une *Madeleine au désert*. — Convention, impersonnalité, sujets usés, procédés défraîchis, soit ! mais, cependant, école de discipline, de patience et de probité.

Il ne faut pas lâcher trop tôt la bride au tempérament ; une originalité trop hâtive se paye toujours d'un défaut de technique, et le respect des maîtres n'a jamais empêché un talent de s'épanouir. Malgré ces débuts académiques, où il puisa la rectitude du dessin et la sûreté de l'œil, MARRE allait, presque sans délai, devenir un maître exempt des pastiches et, ne retenant de la tradition que la conscience du métier, il devait savoir garder intacte la spontanéité de son émotion.

A son retour de Paris, Henri MARRE se fixa à Saint-Maurice, près du village de Lafrançaise, en Quercy. « Comme le héros de *Montauban, tu ne le sauras pas*, l'inoubliable conte de son compatriote Léon Cladel, il était venu demander son inspiration à ce qu'il connaissait, à ce qu'il aimait le mieux, aux paysages et aux paysans du terroir natal. La réalité l'attirait; il voulut la posséder, la rendre tout entière. Il planta résolument son chevalet dans la glèbe, devant ce grand visage muet de la terre dont le visage paysan n'est que le reflet et le commentaire; il prit directement le contact avec la nature (1). » Ce furent aussi, le bâton en

(1) Emile POUVILLON, *Henri Marre* (*La Dépêche*, 4 juillet 1901).

main, les longues promenades solitaires parmi les combes et les sentes. Il voisinait avec Henri Martin qui passait l'été dans les mêmes parages, ils échangeaient leurs impressions. Puis, il rentrait, recru de bonne lassitude et alangui de pensées paisibles, à cette heure indécise où les parfums et les reflets s'exaltent dans l'immensité du silence comme des souvenirs et des regrets. Il se laissa prendre au charme intime et poignant du crépuscule, mais, insatisfait des sentiments de surface, il en voulut dégager le symbole et la portée profonde; c'est pourquoi il introduisit dans ses paysages la présence de l'homme, conscience de l'Univers. *Fin de Journée, Les Derniers rayons, Déclins, Reflets, Les Vieux*, tels sont les titres des toiles de cette époque.

Fin de Journée. — Après le labeur poursuivi, « jusqu'à la dernière goutte de lumière » sur la prairie tranquille, le faucheur renverse son cofin sur la luzerne; la tâche est finie dans l'heure pacifiée.

Les Derniers Rayons (1). — Une maison rustique où, sur la galerie ouverte, un ménage de vieux décrépits et tassés reçoivent les dernières caresses de lumière, « les derniers rayons jaunes d'un soleil qu'on ne voit pas (2). »

Déclin. — « Sur un ciel mourant et limpide encore, des maisons sur qui tombe avec mollesse le mystère de l'ombre et de la nuit ; toute l'intimité crépusculaire dans l'air, sur les toits ; une vieille relève lentement et doucement son vieux assis sur un talus ; de l'abandon, de la tristesse, de la vie (3).... »

Reflets. — « L'hiver est venu ; le jour s'en va. En attendant le retour des jeunes, occupés aux travaux de la saison, un couple de vieux se chauffe frileusement devant l'âtre. Par économie, sans doute, ils n'ont pas allumé la lampe.

(1) Salon de 1896.

(2) Marcel Sémézies, *Les Derniers Rayons* (*L'Art méridional*, 15 juin 1896).

(3) Jean Viollis : *Peintre d'un Pays* (*Le Pays de France*, septembre 1899).

Avares de paroles, ils penchent sur la flamme qui vaguement les éclaire leurs membres perclus, leurs fronts ridés, fatigués par le souvenir (1). »

Les Vieux. — Assis sur les marches de la maison vétuste qu'une treille rajeunit, deux vieux pensifs se chauffent au soleil.

Entre temps, MARRE a quitté Saint-Maurice. Il habite Montauban qu'il abandonne l'été pour aller à Penne, Saint-Antonin, peindre les bords de l'Aveyron et surtout les vieilles maisons rabougries que la vigne rajeunit comme un sourire mélancolique et qui s'estompent dans la tendresse de la brume.

A cette époque, MARRE expose aux Artistes français. Ses toiles y sont remarquées. Les musées de Montauban, Carcassonne, Perpignan acquièrent de ses œuvres. Nommé professeur à l'École municipale de dessin de Montauban, il se donne avec conscience à cette fonction, penchant sur les essais hésitants des élèves cette figure « d'obstination et de douceur », d'obser-

(1) Emile POUVILLON, *op. cit.*

Montauban : le pont sur le Tarn

vation précise et bienveillante que n'oublient pas ceux qui l'ont une fois connue.

La maturité est venue, MARRE est en pleine possession de son talent. Il est, de toute son âme, un peintre provincial; il aime son coin de terre, il le célèbre simplement par amour et sans souci des guirlandes et des louanges. Il travaille avec honnêteté, avec l'humilité de l'artiste véritable qui s'incline devant la beauté suprême des choses et ne s'efforce de les traduire que pour manifester sa ferveur. Admirable panthéisme, qui fait de l'art une religion. Tout permettait dès lors de supposer que MARRE, définitivement fixé en Quercy, resterait le peintre des soirs et des vieilles gens, le peintre des deux crépuscules. Soudain il se mit à évoluer; ses regards se tournèrent vers la clarté du jour et, comme si le bonheur était entré dans sa vie, sa vision s'éclaircit. Il comprit la chanson chaude des couleurs et des midis et il s'achemina, par les ciels tourmentés et les briques encore pâlies d'une région transitoire, vers la pleine lumière du climat méditerranéen.

II

Marre délaissa le Quercy pour le Rouergue. Après un voyage sans lendemain dans le Béarn, il s'en alla, les étés, vers Villefranche, Najac, Rodez. La nature n'y est pas très sensiblement différente de celle qu'il quittait, mais il la voyait avec des yeux nouveaux. De ce moment, le soleil franc éclaire ses toiles. C'est rarement l'éclairage cru des jours purs. Des nuages viennent presque toujours meubler le ciel de leur opacité, ils amènent des ombres passagères et incessantes, ils obscurcissent encore une partie de l'horizon. Ce sont : le *Clocher de Rodez*, le *Vieux Pont*, des vues de pleine campagne qui apparaissent, après les crépuscules de la première manière, comme un éveil, un printemps. Cette apparition de la joie, de la chaleur, de la lumière est craintive, mais les reliefs s'accusent, la couleur monte avec la vie. Quand

MARRE revient à Montauban ou repasse le long de l'Aveyron, il voit les paysages jadis peints avec cette âme rajeunie. S'il s'arrête un instant pour noter sur la toile l'aspect de Saint-Antonin vu de la rivière, il fera couler de sa palette des jaunes gras, des rouges savoureux, l'eau glissera transparente, reflétera le ciel d'un bleu sans souillure et tout cela vibrera dans une atmosphère limpide. S'il promène son observation sur les places montalbanaises désertes et languissantes, son affection optimiste leur concédera un air d'accueil engageant et il prendra plaisir à exprimer au grand soleil le grouillement multicolore du Marché aux Arcades avec la bigarrure étourdissante des fruits, des légumes, des costumes et des murs.

A plusieurs reprises, il a peint la cathédrale de Rodez depuis la place de la Cité; il aimait la tache rouge du clocher au-dessus des toits, dans le ciel, mais surtout il était épris de la campagne qui entoure la ville. Un peu triste, malgré l'intensité des verts lavés par la pluie, mais quand même réchauffée de soleil, nous la voyons s'étendre à l'horizon que domine Rodez, en des ondulations où se tapissent les villages : Saint-Côme, dont la rue tortueuse chemine vers l'église et dont les champs dévalent ; le Monastère, qui se tasse en une masse violette et mauve dans le creux des collines où les emblavures alternent avec les vignes et les prés ; la Mouline, où serpente la rivière et dont le pont aux trois arches inégales détend son accent circonflexe au-dessus de l'eau... Aspects pris et repris, sans cesse refaçonnés en variantes colorées diversement, vues de points à peine distants les uns des autres de quelques mètres, ensembles ou détails tantôt largement brossés, tantôt modelés à la caresse selon le plaisir de l'artiste, la nécessité imposée par la lumière qui se dégrade ou par la nature de l'émotion.

Plusieurs années il se délecte aux étés du Rouergue, puis il part de nouveau.

Depuis 1900 et jusqu'en 1914, Marre, qui continue à faire des envois aux Salons, a émigré des Artistes français aux Indépendants où il sentait plus à l'aise sa manière libérée d'entraves, son inspiration issue directement des sources originelles et parfumée de plein air.

L'Eglise de Collioure

Sans doute y est-il vraiment à sa place, car l'attention des pouvoirs publics s'arrête sur ses œuvres et il connaît les premiers achats officiels

Fixé à Toulouse en 1919, il oriente ses vacances estivales vers le Roussillon; séduit par Collioure, il y revient chaque année et consacre les ressources d'une palette toujours plus riche et plus vigoureuse à traduire le charme éclatant de la Côte vermeille. Il nous offre désormais des visions de ciel immaculé déversant l'ardeur de sa lumière sur une mer dont le bleu intense se heurte au sol rouge et aux tuiles flamboyantes avec une violence que tempère seul le calme de l'air. De même que jadis il a promené des années son chevalet autour d'un village quercinol, de même que plus tard il a erré des saisons entières aux portes de Rodez, de même maintenant, et inlassablement, il reproduit des coins du petit port roussillonnais en des tableaux toujours semblables et toujours divers. Bruandet a dit : « Celui qui ne peut pas peindre toute sa vie dans quatre lieues d'espace n'est qu'un maladroit. » Il exprimait, sans la réaliser complètement, cette pensée que le sujet d'un paysage n'est pas l'aspect de nature qu'il représente, mais le sentiment qui le crée. Voir le même endroit avec des sentiments différents, c'est faire chaque fois œuvre nouvelle. Ruysdaël a tourné toute sa vie autour d'un buisson. Un rien suffit à composer l'œuvre d'art pourvu que nous sachions le recouvrir d'une émotion véritable. L'Univers entier ne serait qu'un squelette si nous ne répandions sur lui la richesse infinie de notre cœur.

Du temps que ses paysages étaient en quelque sorte symboliques, MARRE leur donnait des titres; maintenant qu'ils n'expriment plus que son bonheur de vivre et de sentir, cette préoccupation n'est plus de mise. Les vues du port et des collines proches se succèdent comme des moments de joie calme. C'est la vieille église dont le clocher fortifié baigne sa base dans le flot, ce sont les roches rouges avec leurs aloès et leurs cactus, ce sont les maisons chaudes de soleil et de couleur sous leurs toits de briques, ce sont les ruelles qui dégringolent et où se concentre de l'ombre fraîche, c'est le contour de la baie mélodieuse où viennent mourir les

Pont d'Orthez

vagues. Un ciel sans tristesse et une mer sans menaces entourent la petite ville qui semble ne connaître ni les regrets ni les inquiétudes, où le passé comme l'avenir s'effacent derrière l'heure présente. Et partout, presque sur toutes les toiles, amoureusement dessinées, les barques penchent sur la grève leurs flancs arrondis ou dressent au-dessus des flots leur voile latine. MARRE a pour ces barques une grande affection. Il aime leur forme, leur structure, et peut-être inconsciemment, souvenir indistinct de sa sensibilité ancienne, sont-elles là, au port lumineux, comme le symbole de sa vie.

III

Ainsi donc, par un double glissement, MARRE est venu de Saint-Maurice à Montauban, de Montauban à Toulouse, comme il est allé de Saint-Antonin à Rodez, de Rodez à Collioure. Dans sa vie et dans son œuvre, ces deux glissements sont parallèles; ils s'expliquent mutuellement et se complètent. Le paysagiste paraît arrivé au stade dernier de son évolution. Si l'on jette sur son œuvre un coup d'œil rétrospectif, on la suit facilement dans sa route sans détour. Par une marche rétrograde de celle du jour et des années, il est parti du crépuscule pour s'épanouir en plein midi, et comme il fallait, à chaque pas de cette marche, un sujet susceptible de nourrir son inspiration, il est descendu des Causses à la Méditerranée.

Vue de Collioure

Le même danger a menacé sa technique au début comme à la période actuelle : la mollesse du dessin, et c'est précisément parce qu'il a su l'écarter que se révèle l'importance des leçons premières et de la règle académique d'abord acceptée. Si, dans les paysages rouergats, le mouvement des ombres et les contrastes entraînaient d'eux-mêmes le relief des contours, il n'en est pas de même des grisailles originelles et de la lumière des dernières toiles. L'obscurité comme le grand soleil fondent les lignes et, trop souvent, les peintres au métier insuffisant laissent se disperser la texture de leurs paysages et ne nous donnent que des œuvres creuses, non charpentées. De même que, dans la musique, l'exécution des *piani* demande le plus de volonté d'extériorisation, le plus de concentration du son, de même les grands effets de pénombre et de lumière exigent, bien qu'ils le voilent, le dessin le plus attentif et le plus serré. Marre a su éviter ce péril. Il aime le dessin pour lui-même et ce lui est un plaisir de disposer sur la toile les lignes que sa couleur recouvrira. Ce goût de l'armature s'affirme dans le grand nombre de dessins aquarellés qu'il a tracés, non comme des documents où il puisera plus tard des détails indiqués avec précision, mais comme des œuvrettes qui se suffisent à elles-mêmes et où se synthétise, somme toute, l'essentiel de sa facture. Ils seront précieux aux critiques lorsqu'ils voudront étudier minutieusement la technique du maître.

Un instant, il fut aussi séduit par la délicatesse fragile du pastel. Il réalisa par ce moyen quelques vues montalbanaises où l'on retrouve ses qualités habituelles. Il paraît y avoir renoncé depuis qu'il s'est consacré à la glorification du Roussillon, le pastel ne se prêtant pas à traduire les luminosités éclatantes. De son œuvre au pastel, simple incident dans sa carrière artistique; ce qui, à mon sens, conservera une haute portée, ce sont les quelques portraits de famille qu'il a exécutés vers 1914.

La peinture au pastel est difficile par son apparente facilité. Le crayon tendre possède un charme essentiel qui incline celui qui s'en sert à des élucubrations dont l'indécis tourne au vague et le vague à l'informe. Trop d'ama-

La Baie de Collioure

teurs se sont cru possédés du génie du pastel dont la main malhabile n'a élaboré que d'insignifiants gribouillages. Le souvenir de Rosalba Carriera et de sa virtuosité superficielle hante trop de cervelles. La tendance à l'ébauche, qui tyrannise les gens sans métier, s'accuse particulièrement chez les pastellistes. La matière employée se fait la complice de leur insuffisance. Ils se contentent de trop peu, parce que leur imagination, en bonne courtisane, comble fallacieusement les lacunes de leurs réalisations. Les pastels de MARRE n'ont rien de commun avec ces amusements puérils. Ils sont de la bonne lignée. Son observation est trop directe, son émotion trop contenue pour que l'image se dilue.

MARRE a su, par la simplicité de sa conscience, éviter un autre écueil : celui de faire du pastel qui ressemblât à autre chose. Une des manies de notre temps est la confusion des genres. On croit avoir fait une trouvaille digne de l'immortalité lorsqu'on a réussi à peindre une toile qui a l'air d'une fresque, une huile que l'on peut prendre pour un pastel ou pour une gouache, une aquarelle qui singe le pastel. Les pastels de MARRE, dès le premier coup d'œil, s'avèrent comme des pastels, et ce n'est pas un mince avantage. Il a pris son parti du flou inhérent à la matière, il n'a pas cherché à le combattre en forçant la couleur ou en cernant le contour. Il a saisi la difficulté en face; il s'est servi de ce vaporeux qui, bien dirigé, constitue la raison d'être du genre. Il y a joint les qualités qui l'imposent : la probité du faire, la netteté du trait, la souplesse du modelé, la vérité psychologique. Sa femme, sa fille, son neveu s'offrent à nos regards avec une expression de douceur concise et ferme où transparaît le caractère.

MARRE eût peut-être été un portraitiste sagace, mais il a préféré célébrer le visage de la terre. Il ne faut pas, en supputant les portraits absents, songer à s'en plaindre. Trop de paysages sont là pour l'enchantement de nos yeux. Il est bon, d'autre part, qu'un artiste pousse son effort dans une direction constante; sa technique gagne en sûreté et son émotion en puissance, de ne pas se disperser. Ne regrettons

Barques à Collioure

pas les portraits que MARRE n'a pas produits; ses paysages y eussent sans doute perdu. Il suffit à sa gloire et à notre satisfaction qu'il ait été et qu'il demeure le peintre du Languedoc.

Imprimerie Régionale, 55, rue Bayard, Toulouse

www.ingramcontent.com/pod-product-compliance
Ingram Content Group UK Ltd.
Pitfield, Milton Keynes, MK11 3LW, UK
UKHW022147170726
13837UKWH00004B/1838